7
Lk 674.

RÉPONSE

DE

M. LOUIS MONTAGNAT,

Conseiller municipal et Membre du Conseil d'arrondissement d'Avignon,

AU

RAPPORT

DE

M. LE MAIRE D'AVIGNON,

LU DANS

LA SÉANCE DU 18 SEPTEMBRE 1844.

AVIGNON,
TYPOGRAPHIE DE THÉODORE FISCHER AÎNÉ.
1844

RÉPONSE

DE

M. LOUIS MONTAGNAT,

Conseiller municipal et Membre du Conseil d'arrondissement d'Avignon,

AU

RAPPORT

DE

M. LE MAIRE D'AVIGNON,

LU DANS

LA SÉANCE DU 18 SEPTEMBRE 1844. *

Le rapport que M. le Maire a fait au Conseil municipal, dans la séance du 18 septembre 1844, soulève deux questions principales :
1° La Taxe additionnelle de l'octroi.
2° La Maison royale de Santé.

La première était résolue, et M. le Maire ne l'a remise sur le tapis, on le voit, que pour avoir occasion, en donnant des conseils à ses successeurs, d'attaquer l'administration de son prédécesseur.

La seconde, la Maison de Santé, est venue là aussi fort inopinément : le Conseil avait nommé dans la séance du 17 juillet, sur la proposition de M. le Maire, une Commission de Jurisconsultes pour

---

* La publication de notre réponse a été retardée, ne devant pas devancer celle de M. d'Olivier.

examiner ce qu'il y avait à faire pour arriver à une solution. C'était donc du travail de cette Commission et de son résultat qu'il fallait entretenir le Conseil, et ce n'était pas à M. le Maire à venir trancher lui-même toutes les difficultés et déclarer, sans l'avis préalable des Jurisconsultes nommés, que tout était perdu dans cette affaire. Mais ici M. le Maire a trouvé l'occasion de m'attaquer personnellement, il l'a saisie avec empressement, et il a jeté *ab irato* à la face du Conseil et du public ce Rapport que tout le monde connaît, et dans lequel il s'est livré à une polémique fort étrange sur l'article de la *Gazette du Midi* du 11 septembre : à ce sujet il a lancé contre moi des traits que j'ai ramassés ; je vais les lui renvoyer.

Je n'ai pas à m'occuper à fond de la partie du Rapport de M. le Maire, relative à la Taxe additionnelle et à la Maison de Santé : M. d'Olivier, dans sa réplique, la traitée d'une manière lumineuse. La Commission du budget de 1844 et son rapporteur y sont pleinement justifiés des prétendues contradictions que M. le Maire leur imputait.

Le rapporteur au reste n'avait été que l'organe de la Commission ; elle avait approuvé le rapport ; nous y faisions ressortir, dans l'intérêt de la ville, la décision du comité des finances du Conseil d'État, du 12 août 1843, approuvée par le Ministre des Finances, le 25 dudit, même année, qui décidait que le domaine de l'État n'était pas fondé à revendiquer la propriété de cet hospice ; c'était le point le plus essentiel.

Et, si une lettre antérieure du Ministre de l'Intérieur, du 14 juillet 1841, contenait des observations qui ne coïncidaient point avec cette décision, ce n'était pas à nous à les proclamer ; d'ailleurs les observations du Ministre de l'Intérieur de 1841 ne pouvaient pas annuller la décision du Conseil d'État de 1843. Loin de nous blâmer, M. le Maire aurait dû suivre la même marche, et ne pas proclamer, comme il l'a fait dans son rapport, rendu public, que tout était perdu dans cette affaire : si en le faisant il a cru servir les intérêts de la ville, il s'est grandement trompé.

Heureusement rien n'est perdu ! M. d'Olivier le démontre dans sa réplique.

J'arrive à la partie irascible du rapport de M. le Maire ; il est évident qu'il m'a pris personnellement pour le point de mire sur lequel il dirige ses traits : quoique fort acerbes, ils sont trop maladroitement acérés pour que je puisse en être profondément blessé ; d'ailleurs il ne me sera pas difficile de les lui renvoyer.

Toutefois, ce n'est pas sans répugnance que je me vois obligé de répondre sur ce ton à M. le Maire d'Avignon ; mais c'est lui qui a donné ce diapason à la discussion ; et si elle est discordante, ce ne sera pas à lui à s'en plaindre.

M. le Maire nous dit qu'il ne se chargera pas d'expliquer ce qu'il peut y avoir ou non de rationnel dans les faits: qu'il se contente de dire *sempre bene*. S'il ne veut pas expliquer les faits en ce qu'ils ont de rationnel ou non, alors à quoi bon son Rapport ? Est-ce pour nous apprendre que le *sempre bene* est sa devise !

Moi aussi je la prendrais bien volontiers cette devise ! Mais ce serait un non sens ; car malheureusement et consciencieusement on ne peut pas toujours dire, *que tout va au mieux, dans le meilleur des mondes*.

Si j'avais pu adopter cette maxime du docteur Panglos, je ne serais certainement pas aujourd'hui le bouc émissaire sur lequel viendrait se répandre toute l'acrimonie de M. le Maire. Non, je ne puis pas dire que tout est bien ; j'ai mes convictions, elles sont fermes ; je ne sais pas les faire céder aux considérations particulières: c'est un grand tort au temps où nous vivons. Enfin, qu'y faire ? Je suis ce que je suis ; venons aux faits.

M. le Maire ne me désigne nominativement que dans la partie de son rapport relative à l'affaire de la Maison de Santé ; néanmoins il est assez facile de reconnaître les *paquets* qui vont à mon adresse ; je les reçois sans hésitation, je vais y répondre.

Dans le premier, M. le Maire rappelle avec affectation une circonstance de la séance dans laquelle le Conseil discutait la proposition de transiger sur le procès de la ville avec M. de Bayol, relativement à la partie du terrain de la Place de l'Ancienne Comédie, qu'il réclame depuis longtemps comme lui appartenant. Mon opinion était contraire à la transaction, je l'avais écrite, elle était appuyée et soutenue vivement par d'autres membres.

L'insistance de la discussion contrariant, sans doute, M. le Maire, il dit, « que l'adoption de ma proposition *serait absurde !* » C'est moi qui m'écriai, « que le Conseil *ne pouvait pas être absurde.* » Tout le Conseil l'a entendu ; M. le Maire pouvait donc dans son rapport se dispenser de rappeler indirectement ce fait ; et puisqu'il m'a désigné nommément dans l'affaire de la Maison de Santé, il aurait bien pu en faire autant dans celle-ci : quoiqu'il en soit, personne n'a pu s'y méprendre.

M. le Maire dans son rapport nous apprend, « que jamais il n'a eu
» et n'aura la pensée que le conseil puisse être absurde. Qu'aussi ce fut
» avec grande surprise qu'il entendit un membre, qui probablement
» ne comprenait pas que l'*épithète* pût se rapporter à sa proposition,
» s'écrier: Le Conseil n'est *jamais absurde !* Je le sais, Messieurs, le con-

» seil ne pouvait être absurde : il n'accueillit pas la proposition qui
» était faite. »

Tel est le dire de M. le Maire. Et si le Conseil avait adopté la proposition, n'était-il pas d'avance déclaré absurde ? Toutefois douze de ses membres se trouvent aussi absurdes que moi : mon absurde proposition ayant été soutenue par ces *douze voix*, et n'ayant été repoussée que par *douze autres* qui ont compté pour treize, grâce à la voix prépondérante de M. le Maire, qui, en pareil cas, fait pencher la balance conformément à la nouvelle loi.

Mais si un seul des membres qui ne se sont pas rendus à la séance eut voté, la proposition aurait été adoptée : la conséquence est concluante. Ainsi de quelle manière que l'on explique les paroles de M. le Maire, il n'est pas plus poli pour les douze membres du Conseil que pour moi : car une fois ma proposition appuyée et votée par eux, elle leur appartient autant qu'à moi ; et c'est ce que M. le Maire, dans sa perspicacité, aurait dû comprendre. Enfin, puisqu'il veut que l'épithète ne se rapporte qu'à ma proposition et à moi, soit : on a ouvert l'arène, on m'appelle au combat, je combattrai. Toutefois, si j'ai pris pour moi l'épithète *d'absurde* dont me gratifie M. le Maire, je ne la lui renverrai pas crûment. Je veux être un peu plus parlementaire que lui, bien que je n'aie pas eu l'honneur de siéger à la Chambre des Députés.

Je me bornerai donc à faire observer à M. le Maire que son ressentiment l'a poussé trop loin : comment n'a-t-il pas compris, que, pour se donner la satisfaction de reporter sur moi une épithète inconvenante qu'il adressait certainement bien à tous ceux qui appuyaient mon opinion ; comment, dis-je, n'a-t-il pas compris qu'en soulevant cette question, il donnait lieu à rappeler, que c'est grâce à son double vote que M. de Bayol puisera dans la Caisse municipale une somme de cinq mille francs, pour prix d'un terrain que la ville lui contestait avec raison.

Et puisqu'on nous a mis sur cette voie, nous allons entrer dans quelques explications.

Dans l'origine de la discussion avec M. de Bayol on agissait un peu dans le vague : le titre primordial sur lequel M. de Bayol fondait ses prétentions s'était égaré, on ne le retrouvait plus ; en son absence il était difficile de reconnaître la partie du terrain qui avait été cédée aux auteurs de M. de Bayol en 1655 ; et il était encore plus difficile d'en établir les confronts. Cependant après bien des recherches, l'acte primordial de la concession s'est retrouvé. On y voit clairement que le terrain que réclame sur la place M. de Bayol n'est pas celui qui lui a été concédé; celui désigné dans la concession de 1655 s'étendait depuis le bord de la rive droite de la Sorguette, au midi de la Place de l'Ancienne Comédie (appelée à cette époque du Limas), jusqu'au septentrion du jardin et bâtiment dudit sieur Bayol, prêtre, rue du Bourguet de Mazan. Enfin le terrain cédé est celui sur lequel le pont et le vestibule de la maison actuelle de M. de Bayol sont établis.

En 1655 on n'aurait pas plus accordé à M. Bayol, qu'on ne le lui accorderait aujourd'hui, un terrain de douze mètres 50 cent. au de-là de la rive droite du Canal, et faisant saillie sur la Place, avec la faculté d'y bâtir; cela ne peut pas se concevoir, et résulte encore moins des confronts donnés par l'acte. Au reste, nous faisons suivre notre réfutation de la copie de l'acte de 1655, avec les explications sur les confronts extraites du rapport, suivies des conclusions du même rapport qui furent adoptées par le Conseil à l'unanimité moins une voix.

Depuis, les temps ont bien changé; on a mis de côté tous les points de fait que nous venons de rapporter; l'acte de 1655 s'est annihilé devant des arguties et des questions de droit; et après un procès perdu en première instance, on a appelé du jugement; puis l'appel formé bien régulièrement, et autorisé par le Conseil de Préfecture, on est venu parler de transiger. Les membres du Conseil qui avaient le plus étudié cette affaire, se ressouvenant de l'unanimité du vote pour soutenir les droits de la Ville, ont persisté dans leur conviction et voulaient que l'appel suivit son cours; que les droits de la Ville fussent fermement défendus, sans craindre de faire quelques frais de plus.

Enfin toutes les circonstances de cette affaire ont été controversées de tant de manières, qu'il n'est pas hors de propos de les rendre publiques. D'ailleurs il y a dans la publicité de tous ces faits un but moral: on n'a pas craint de dire que les opposants aux prétentions de M. de Bayol en faisaient une affaire de parti. Le public bien informé jugera de quel côté était la partialité !......

On verra si, pour arriver plus promptement à cette transaction, on n'a pas passé par dessus toutes les formes prescrites par les lois: c'est ce que nous avons démontré dans notre opinion, et c'est sans doute pour cela qu'elle a été qualifiée *d'absurde*. On la verra ci-après aux pièces justificatives.

J'ai à faire remarquer que c'est bien encore à moi, Rapporteur du budget de l'année dernière, que M. le Maire applique les erreurs et contradictions qu'il cite dans son Rapport. A ce sujet, je lui ferai observer que le rapporteur du budget n'est autre chose que l'organe de la Commission; si donc j'ai fait ressortir dans mon Rapport toutes les mesures d'ordre, d'économie et d'amélioration dues à l'administration de son prédécesseur M. d'Olivier, je n'ai été que l'interprète fidèle de la Commission, comme celle-ci l'a été de la population avignonaise.

A notre tour, qu'il nous soit permis de signaler à M. le Maire ses propres contradictions.

Bien que les dépenses portées au budget de 1844 fussent reglées sur les recettes présumées du même budget, M. le Maire s'écartant de la règle usitée, voulut, pour assurer sa responsabilité, faire insérer au procès-verbal : qu'il acceptait ce budget tel qu'il était établi et voté par le Conseil municipal; mais qu'il déclarait toutefois, qu'il ne se livrerait aux dépenses qui y étaient portées que lorsque les fonds pour y pourvoir seraient assurés par la rentrée des ressources formant le chapitre des recettes.

Cette ferme résolution prise, M. le Maire s'est-il renfermé dans le cercle qu'il s'était tracé lui-même ? Non ! . . . Et cependant aucune voix ne s'est élevée pour crier à la contradiction, et attaquer son Administration par des Rapports imprimés, répandus dans le public; c'est lui au contraire qui a pris l'initiative, et a attaqué d'une manière aussi injuste qu'inconvenante son prédécesseur et le Rapporteur du budget : nous devons donc établir juge ce même public des inconcevables reproches qu'il a plû à M. le Maire de nous adresser et que le plus simple examen fait disparaître. Nous opposons des faits aux allégations que l'on produit contre nous. Oui ! M. le Maire s'est écarté du cercle qu'il s'était tracé lui-même ; il n'a pas attendu que les rentrées fussent effectuées pour proposer des dépenses qui n'avaient pas été portées au budget, et négliger celles qui y étaient inscrites. Nous citerons particulièrement l'achat de l'hôtel Croze pour y placer le Bureau de Bienfaisance : c'est une dépense de 65 mille francs y compris les frais d'appropriation : une partie a dû être payée immédiatement.

Cet achat n'a pas passé au Conseil sans éprouver une vive opposition : d'un côté on voulait approprier convenablement le local de la Bienfaisance; on le pouvait avec une bien moindre somme. Il n'y avait ni nécessité, ni convenance à acheter un pareil hôtel pour loger les distributeurs de modestes aliments, que la charité chrétienne et les fonds de la Commune fournissent aux malheureux ouvriers sans travail.

L'aspect de la richesse contraste trop avec celui de la misère : ce serait ici le cas de retourner le reproche que l'on fait aux Dames de St-Joseph d'être cloîtrées, si elles desservaient la Bienfaisance, leur règle ne leur permettant pas de recevoir des visites ailleurs qu'au parloir, elles n'auraient pas été désireuses d'avoir à leur disposition de beaux salons ornés de glaces. On aurait disposé tout simplement leur humble demeure, on aurait mis à couvert les pauvres qui y seraient venus chercher leurs aliments. Une dépense non portée au budget n'aurait pas été faite au détriment de celles qui y sont portées : les remblais du cimetière seraient en voie d'exécution, et les corps ne seraient plus descendus dans des fossés pleines d'eau : c'est une nécessité démontrée dans le Rapport du budget.

Si c'est encore là une absurdité, le Rapporteur sera *absurde* une fois de plus.

Nous ne multiplierons pas nos citations sur ce qui se rattache au budget de 1844 : nous ferons seulement observer, qu'il avait été préparé par le Maire précédent. La Commission l'a défendu ; et c'est un tort, dont moi son Rapporteur je supporte la rancune.

Voici encore de nouvelles rancunes qui se dirigent sur ceux qui n'approuvent pas la conduite que l'on tient envers les Dames hospitalières de St-Joseph. On sait que je me suis fortement prononcé dans le Conseil contre leur renvoi : de là on a cru assez généralement que c'était sur moi que portaient les insinuations de l'écrit de M. le Maire, pour désigner l'auteur de la lettre insérée dans la *Gazette du Midi* du 11 septembre 1844.

Chacun sait que je ne suis pas né à Avignon, donc je suis un étranger ; j'ai été administrateur des Hospices, c'est un ancien administrateur qui a écrit la lettre, donc c'est moi.

Il est permis de présumer que M. le Maire l'a cru de même : si telle est sa pensée, je lui dirai que son ressentiment l'a égaré encore une fois. Je ne suis point l'auteur de la lettre ; on a voulu m'en faire l'honneur, mais je ne me le donne pas : je n'usurpe pas le mérite des autres. Toutefois, quel que soit l'auteur de la lettre, je m'associe à toutes ses pensées, je les partage entièrement, je ne trouve rien à retrancher à son œuvre, j'aurais trouvé à dire plus encore !

Cette discussion en se prolongeant ainsi, je le sens plus que personne, devient toujours plus fâcheuse, elle est déplorable ! Mais peut-on rester sous le poids des insinuations et des invectives de l'écrit de M. le Maire ? Elles sont de telle nature qu'elles révolteraient l'âme la plus impassible.

On est étranger parce qu'on n'est pas né à Avignon ! Je croyais que des Français n'étaient jamais étrangers en France, encore moins quand ils avaient acquis le droit de cité par trente-huit ans de résidence fixe et qui, pendant ce long cours d'années, ont été appelés presque constamment par la confiance et l'élection de leurs concitoyens à remplir des fonctions commerciales, judiciaires et administratives. Si cependant, selon M. le Maire, il en est autrement, alors toutes les fonctions, à quelques exceptions près, sont remplies ici par des étrangers :

Le Président du Tribunal civil, et tous les Juges, hors un seul, sont des étrangers.

Le Président du Tribunal de commerce est un étranger; quelques uns des Juges sont aussi des étrangers.

Plusieurs membres du Conseil municipal sont des étrangers.

Les administrateurs des Hospices eux-mêmes sont tous des étrangers, hors un seul.

Et comme toujours, selon M. le Maire, ce sont des étrangers qui mettent le trouble, il faudrait donc en conclure que ce sont ces administrateurs étrangers qui mettent le désordre dans l'Hôpital : c'est en effet la conséquence naturelle de l'opinion de M. le Maire sur ce qu'il appelle des étrangers. Qu'en diront Messieurs des Hospices? *Sempre bene !*

M. le Maire se courrouce beaucoup contre la lettre extraite de la *Gazette du Midi :* c'est un *pamphlet*, une publication anonyme, répandue pour diviser et porter le trouble dans l'esprit du peuple. Tous les articles de journaux sont alors des pamphlets anonymes; et toutes discussions sur les intérêts du pays devraient donc être proscrites, comme jetant le trouble dans l'esprit du peuple; alors que deviennent les garanties de la Charte? Je conçois qu'il serait beaucoup plus commode d'administrer selon le bon plaisir, et de ne trouver que des muets ou des complaisants.

Si j'appuie ici mes observations sur le texte de la lettre insérée dans la *Gazette du Midi*, c'est qu'il est tout-à-fait hors de doute qu'on m'en a cru l'auteur.

Cependant tous ceux qui ont lu cette lettre conviendront qu'elle ne devait pas mériter à son *auteur présumé* toutes les épithètes plus qu'inconvenantes, qu'en cette qualité, M. le Maire m'a prodiguées. Les faits y sont cités avec modération; elle ne contient rien qui puisse porter le trouble dans l'esprit du peuple; elle dit la vérité : si on la trouve trop dure, c'est aux faits qu'il faut s'en prendre. La lettre ne dit pas que *les Conseillers ont voté sans savoir ce qu'ils faisaient ;* elle dit : que les Conseillers municipaux en votant, sur la proposition de M. le Maire, des fonds spéciaux pour les Dames de St.-Joseph, ont pu croire qu'on assurait leur maintien à l'Hôpital; ce n'est donc pas dire *qu'ils ont voté sans savoir ce qu'ils faisaient* : donner ce sens à ce passage c'est vouloir en torturer l'expression. En effet n'était-il pas rationnel de croire que le Maire en faisant reporter sur le budget des Hospices le traitement entier de 2,400 fr. des 40 Dames de St.-Joseph pour l'année 1845, renonçait à les expulser de l'Hôpital : car si elles doivent en sortir à la fin de 1844, pourquoi porter leur traitement annuel sur le budget de 1845 ?

Que l'on concilie ces deux actes, nous ne nous en chargeons pas !

Il faut être vrai d'un côte ou de l'autre, on ne peut pas plaider le pour et le contre tout à la fois.

Dès lors il n'est donc pas étonnant que des membres du Conseil aient pu croire qu'on n'insisterait plus sur le renvoi des Dames de St.-Joseph, et aient été, par ce motif, detournés de voter pour le refus conditionnel des 32,000 fr. d'allocation annuelle, faites aux Hospices sur les fonds de la Commune.

Il est vraiment fâcheux que la proposition que j'en ai faite ait ainsi échappé au vote du Conseil. Par son adoption, le Conseil faisait taire toutes les arguties tendant à atténuer les droits d'action et de surveillance morale que les Conseils municipaux ont sur toutes les affaires importantes des Hospices.

Et puisque, dans la circonstance du renvoi des Dames de St.-Joseph les droits du Conseil avaient été méconnus, par l'annulation de sa délibération du 10 août, il aurait prouvé qu'ils ne sont point illusoires.

La loi a laissé à sa libre appréciation d'accorder ou de refuser aux Hospices des allocations sur la Caisse municipale ; ces allocations étant classées par la loi du 18 juillet 1837 dans les dépenses facultatives : c'est une *faculté* et un moyen, que la loi a placé dans les mains des Conseils municipaux, pour contenir les commissions administratives des Hospices dans les justes limites de leurs attributions ; et au besoin leur faire connaître, qu'elles n'ont pas la confiance du Conseil. Ni le Préfet, ni le Ministre n'ont le droit de reporter sur le budget les subventions que le Conseil refuse. En s'exprimant ainsi, le législateur a bien prévu que les Conseils municipaux ne feraient jamais usage de ce droit absolu, contrairement au bien être des malades. Les Conseillers municipaux sont les élus de la population, ils connaissent ses besoins ; et l'intérêt des pauvres sera toujours l'objet de leur plus vive sollicitude.

Ici ma proposition n'avait qu'un but, arrêter les effets désastreux pour les Hospices, comme pour les finances de la ville, de la délibération de la Commission administrative, pour le renvoi de l'Hôpital des Dames de St.-Joseph, et non pas refuser aux malades les secours dont ils ont besoin. Ce refus d'allocation porté à la connaissance du Ministre lui aurait fait connaître qu'on l'avait trompé, en lui faisant entendre que la population entière réclamait depuis longtemps le renvoi de ces Dames.

On a vu comment cette proposition avait été écartée...... Toutefois mon insistance à la soutenir m'a valu un renchérissement d'invectives dans l'écrit de M. le Maire ; il dit : « Ce sont des bouches les moins » pures que sortent avec affectation les mots de morale et de vertu. »

Pourquoi ces insinuations gratuitement calomnieuses? seraient-elles l'expression de la vérité la plus connue, est-ce bien en plein Conseil municipal qu'elles devraient se produire ? serait-ce à vous, M. le Maire, de les proclamer ? n'auriez-vous pas à craindre qu'on vous appliquât la solennelle leçon donnée par le sublime auteur de l'Évangile, à l'occasion de la femme adultère ! Vous l'avez oubliée, M. le Maire ! je la recommande à vos réflexions !....

Je ne possède pas comme vous, M. le Maire, l'art des contrastes : je me tiens donc aux similitudes : pour moi les bouches les moins pures, ou *impures* sont celles qui profèrent sans cesse le blasphème : qui ne respectent rien de ce qui est sacré et vénérable, qui outragent la morale par le cynisme de leur langage. Me voit-on, m'entend-on dans les lieux publics scandaliser mes auditeurs par des discussions impures ? vous vous êtes mépris, M. le Maire, en m'adressant vos imprécations ; vous auriez trouvé facilement, sous votre main, gens à qui elles seraient beaucoup mieux adressées: allons, M. le Maire, votre logique n'est pas persuasive, vous ne ferez croire à personne que ce sont les bouches les moins pures qui défendent la cause des Dames hospitalières, et que les bouches qui les attaquent sont les plus pures !

Nous ne cesserons de le répéter, il est vraiment déplorable d'être forcé de répondre à toutes ces invectives : mais quand un Maire, premier magistrat de la ville, s'oublie au point de publier un écrit (qu'on n'ose pas qualifier) pour attaquer l'Administration de son prédécesseur, et le décrier parmi ses concitoyens, chose sans exemple dans les Annales municipales d'Avignon ! Cet ancien Maire et le membre du Conseil municipal si inconvenablement, si indécemment en butte à ses perfides insinuations, doivent en reporter la peine à celui qui les répand. Dès-lors, il ne peut paraître étrange à personne que dans notre réplique nous produisions certains actes du Maire actuel.

Notre pénible tâche arrive à son terme, nous ne l'achèverons pas sans entamer le *factum* de la Commission administrative des Hospices, il y a prise : cependant nous ne voulons pas nous livrer à une réfutation complète, la Justice informe, le Tribunal a déjà rendu une ordonnance de non lieu sur l'affaire de la religieuse folle. Nous attendons qu'il se prononce sur le fait des incendies, lui seul est compétent.

Messieurs de la Commission administrative des Hospices, ne pensent pas de même : on voit dans le *pamphlet* (non signé,) publié par eux qu'ils passent outre, et n'attendent pas les décisions de la Justice. Ils se sont fait eux-mêmes accusateurs et juges : la folle, selon eux, a décidément été traitée avec toutes les horreurs imaginables, dignes de former un appendice aux *victimes cloîtrées !* Tout le couvent est coupable !.....

De même les incendies sont du fait de la Communauté !....

C'est à tort, que la Justice s'est prononcée négativement sur le premier fait. C'est encore à tort, qu'elle poursuivrait son enquête sur les incendies ; à quoi servent ses investigations ? Le factum ne décide-t-il pas que les Religieuses sont elles-mêmes les incendiaires de leur couvent ! son auteur et ceux au nom de qui il parle, n'en savent-ils pas plus que tous les Juges ensemble ?.....

Toutefois, si on retorquait contre eux l'argument ; qu'en diraient Messieurs de la Commission administrative des Hospices ? Ils crieraient à la calomnie, à l'infamie, et auraient recours à cette même justice dont ils ne veulent pas attendre les décisions. C'est pitoyable !.....

Et sous le rapport administratif, que dit le *factum*, de la mesure qu'il défend ? Rien ! Qu'importe à Messieurs de la Commission des Hospices de dépenser 15 à 18 mille fr. de plus par an, pour une nouvelle Communauté, dont l'entretien, salaires, etc., exigeraient au moins cette somme pour 25 Sœurs, tandis que les 40 Sœurs de St-Joseph ne reçoivent annuellement que 2,400 fr. ; que leur importe, dis-je, la Caisse municipale est là, et coûte que coûte, il faut que la volonté de ces Messieurs s'accomplisse ?

Enfin nous ne pousserons pas plus loin la discussion sur les observations de la Commission administrative des Hospices, elles n'en valent pas la peine. Nous terminerons par une remarque sur la dernière, elle porte : « Il a été dit que, malgré les démarches des autorités locales et
» supérieures, malgré les invitations du Ministre, il s'élèverait des oppo-
» sitions à l'arrivée d'une autre Communauté religieuse, qui ne pour-
» raient être conçues que sous le patronage d'une influence occulte et
» passionnée. »

Cette influence occulte serait donc bien puissante, puisqu'elle balancerait celle du Ministre ? Tout le monde comprend à qui s'adresse ces lignes; on en est indigné et non surpris !

Ces Messieurs n'avaient pas besoin d'aller chercher des oppositions occultes : ce qui s'opposera à l'arrivée d'une autre Communauté religieuse, c'est la conduite indigne et injuste que l'on tient à l'égard des Dames de St-Joseph. Les autres Communautés religieuses ne l'ignoreront pas, et ne voudront pas s'exposer à subir ici la même ingratitude et les mauvais traitemens dont sont victimes celles qu'elles viendraient remplacer.

Puis au fond, ces Messieurs ne sont-ils pas disposés à se consoler facilement du refus de toute Congrégation religieuse ?

Nous arrêtons là notre réfutation. Elle repose sur des faits, on tentera d'en affaiblir la portée; on fera ce que l'on voudra, nous ne répondrons plus, nos concitoyens sont informés, ils jugeront en dernier ressort.

Avignon, 9 Octobre 1844.

L. MONTAGNAT.

PIÈCES JUSTIFICATIVES.

COPIE

De l'Acte de Cession de 1655, au sieur Jean-Etienne BAYOL, prêtre ;
Suivies des Explications extraites du Rapport de la Commission.

« L'an 1655, le 17 mai, par devant moi, archiviste et secrétaire
» d'état de la révérend° Chambre apostolique etc. etc.
» Remettent et transportent etc. à sieur Jean-Etienne Bayol, prêtre
» et chanoine de l'église Notre-Dame, pour lui, les siens et succes-
» seurs quelconques, pouvoir de faire bâtir et autrement se servir
» comme bon lui semblera d'un espace du canal de la Sorguette par
» où l'eau passe et s'écoule dans le Rhône, étant ledit espace vis-
» à-vis et tout contre du côté du Septentrion, d'un jardin et bâ-
» timent que icelui sieur Bayol a et possède en la présente ville,
» paroisse de St.-Agricol, rue dite du Bourguet de Mazan ; con-
» frontant ledit jardin et bâtiment d'une part, maison de noble et
» égrège personne MM. César de Benoît, docteur en droit d'autre,
» maison et jardin de Dlle Meyronne, lequel espace est dans la pa-
» roisse Ste.-Magdeleine, entre lesdites deux maisons desdits sieur
» de Benoît et Dlle Meyronne et ce en la longueur de dix cannes
» et deux pans, et en la largeur de six cannes compris le terrain,
» et confronte des autres deux parts le planet, sise rue dite du Li-

» mas, et le jardin dudit sieur Bayol, avec le pouvoir de construire,
» ponts, voutes, bâtimens et planter arbres, tant sur ladite Sorguette
» que terrain et autrement y faire comme dit est tout ce que bon
» lui semblera, tant dès à présent que à l'advenir : sauf toutefois
» et réservé sur ledit espace de dix cannes et deux pans en longueur
» et six en largeur et bâtiments qui se feront en icelui la directe ma-
» jeure seigneurie, droit d'enlauzer, investir, etc., etc. »

La description ainsi faite par cet acte du terrain cédé est bien précise ; et quoique l'état des lieux ait subi des changements notables depuis 1655. Il est bien facile de reconnaître :

1° Qu'à cette époque la maison d'habitation du sieur Etienne Bayol, prêtre, était sise en la paroisse de St-Agricol, rue dite du Bourguet de Mazan, ayant son entrée dans ladite rue, par l'impasse ou cul-de-sac qui existe encore et que Mme de Bayol a été autorisée à faire murer en 1827, par délibération du Conseil municipal en date du 14 janvier.

2° Qu'en avant de cette habitation, au midi et à l'ouest, ledit sieur Bayol, prêtre, possédait un jardin, lequel existe encore aujourd'hui, ainsi que le bâtiment de la rue Mazan.

Ce jardin confrontait au levant, partie du bâtiment dudit Bayol et de M. César de Benoît, ce dernier bâtiment acquis et possédé présentement par le réclamant M. César de Bayol, (il sert de café,) au couchant il confrontait le jardin et bâtiment de Dlle Meyronne, (aujourd'hui le Palais Royal.)

3° Que vis-à-vis et tout contre, du coté du septentrion dudit jardin de M. Bayol, prêtre, et entre lesdites deux maisons César de Benoît et de Dlle Meyronne il existait un terrain vacant désigné dans l'acte de 1655, un espace de la Sorguette. Lequel espace avait en largeur, comprise celle du Canal *six* cannes, soit 12 mètres 50, à partir du Planet du Limas ou Place de l'Ancienne Comédie, jusqu'à la limite du coté du septentrion du jardin dudit de Bayol, en la longueur de dix cannes deux pans, 20 mètres, du levant au couchant entre lesdites deux maisons de Benoît et de Dlle Meyronne c'est-à-dire la première où est aujourd'hui le café, la seconde l'hôtel du Palais-Royal.

Ces trois points fixant exactement la position et la délimitation du terrain cédé, ce document en main nous avons examiné l'état des lieux; nous avons consulté le plan cadastral et nous avons reconnu que la largeur de *six* cannes, soit 12 mètres 50, et la longueur de *dix* cannes, *deux pans*, soit 20 mètres, mesurés sur l'échelle du plan, arrivaient juste aux confronts donnés dans l'acte ; c'est-à-dire que les

12 mètres 50 de largeur partant de la rive droite de la Sorguette, arrivaient juste à la limite nord du jardin de M. de Bayol. Comme aussi les 20 mètres de longueur du levant au couchant partant de la maison de Benoît ou le café actuel arrivaient juste au bâtiment de Dlle Meyronne, aujourd'hui le Palais-Royal.

M. l'Architecte de la ville a fait sur le plan cadastral le calque de la partie de ce plan, qui représente l'état des lieux que nous décrivons. Ce calque est joint à notre rapport, en l'examinant avec attention, on reconnaîtra qu'il ne peut plus y avoir de doute sur la position du terrain ou de l'espace du canal de la Sorguette, cédé en 1655 à M. Bayol, prêtre; on reconnaîtra que les mesures données à cet espace aboutissent au bâtiment que possédait alors M. Bayol, prêtre, rue du Bourguet de Mazan et au septentrion du jardin en avant dudit bâtiment; et non en avant, côté nord du bâtiment que possède aujourd'hui M. César de Bayol, sur le Planet de la Comédie, entre la maison servant de café et le Palais Royal; attendu qu'en 1655, ce bâtiment n'était pas construit; et qu'en outre il n'y a jamais eu, et il ne pouvait y avoir de jardin au nord de ce bâtiment, isle 136, n° 38, puisque la façade du côté du Planet est tout contre le bord du canal rive gauche de la Sorguette. M. César de Bayol ne prétendra pas, nous le pensons, que la partie de la place publique où sont plantés les trois arbres ait jamais été un jardin. D'ailleurs l'acte de 1655, plaçant l'espace cédé, entre les deux maisons de Benoît ou le café et le Palais Royal: donc cet espace n'a jamais dépassé sur la place l'alignement desdites deux maisons; et lui donnant d'autre part pour limite *le côté du septentrion du jardin et bâtiment que ledit sieur Bayol, prêtre, possédait rue du Bourguet de Mazan*, il est donc bien démontré que l'espace de six cannes, partait de la rive droite de la Sorguette et joignait la partie septentrionale du jardin. S'il en avait été autrement, et que l'espace cédé à M. Bayol, prêtre, eût été situé en deçà de la Sorguette, du côté du Planet, comme paraît le croire le réclamant, alors on aurait dit dans l'acte: *étant ledit espace vis-à-vis et tout contre du côté du septentrion du canal de la Sorguette;* et on n'aurait pas franchi ce canal, limite naturelle et fixe, pour en aller chercher une au septentrion du jardin. Les confronts de l'acte de 1655 sont bien établis; et il est évident que l'espace dont il s'agit, est celui occupé aujourd'hui par les bâtiments que ses auteurs et M. César de Bayol lui-même y ont fait construire. Qu'ainsi il est constant que M. de Bayol est en possession du terrain concédé à son ayeul en 1655.

Quant à la portion de la place publique qui fait l'objet de sa réclamation, il n'a pu se croire fondé dans sa demande, que par une erreur à laquelle il a dû être entraîné de bonne foi, par une fausse interprétation des actes de reconnaissance, mais dans laquelle il serait difficile de persister avec raison en présence du titre primitif de 1655.

D'après d'autres considérations basées sur ces faits, le Conseil municipal prit *à l'unanimité, sauf un seul de ses membres,* la délibération que voici :

Par tous ces motifs; vu les décisions ministérielles des 4 et 22 janvier 1842 qui, annullant les arrêtés préfectoraux des 9 et 29 avril 1841 et l'instruction de l'affaire qui y avait donné lieu, appellent ainsi le Conseil municipal à délibérer au fond; vu l'acte du 7 mai 1655, des dispositions duquel il résulte que M. César de Bayol n'a aucun droit à la propriété d'une portion de la place publique, dite de l'ancienne Comédie, (ci-devant du Limas,) devant sa maison d'habitation actuelle, et sur laquelle sont plantés trois ormes. Considérant que le Conseil n'a plus à délibérer, aux termes de la lettre du Ministre du 4 janvier 1842, si le terrain dont se croit être propriétaire M. de Bayol, doit être réuni à la voie publique, puisqu'il résulte des renseignements recueillis, et notamment de l'indication des confronts énoncés en l'acte de 1655, que ledit sieur de Bayol n'a jamais eu aucun droit sur ledit terrain, possédé d'ailleurs par la ville depuis plusieurs siècles, sans discontinuation; le Conseil délibère :

1° Que le terrain dont il s'agit appartient à la ville, que les prétentions de M. de Bayol à la propriété de cette portion de la place publique ne sont nullement fondées; et qu'ainsi il n'y a pas lieu à accorder à M. de Bayol l'indemnité qu'il réclame.

2° Que M. le Maire est invité à faire procéder à tous actes possessoires pour maintenir la ville dans ses droits, et notamment à faire paver ledit terrain; et enfin à faire tout ce que de droit pour garantir la ville de tous troubles dans la jouissance d'une propriété qui lui appartient; et au besoin soutenir et défendre ses droits par devant les tribunaux compétents.

OPINION

DE

M. MONTAGNAT,

SUR LE PROJET DE TRANSACTION DANS L'AFFAIRE DE M. DE BAYOL.

Il est écrit, je crois, dans les fastes de la Commune, que cette malheureuse affaire sera éternellement ramenée sur le terrain de la discussion, et qu'elle n'aura jamais de fin.

Après avoir passé par toutes les filières de la juridiction administrative pour la fixation de l'indemnité à payer au réclamant, elle arrive au Ministre, lequel, s'apercevant que l'instance a été mal dirigée et dans des fins contraires aux règles de la Justice, et aux intérêts de la ville, prend une décision qui annulle tout ce qui a été fait.

Une nouvelle instruction commence, la Commission du Conseil chargée de la suivre est assez heureuse pour retrouver dans les archives de la ville, le titre primitif de la concession que l'on croyait totalement perdu.

Ce titre fait reconnaître, que le terrain que réclame M. de Bayol, n'est pas celui qui lui a été concédé, alors la question change; il ne s'agit plus de discuter, ni de fixer le chiffre de l'indemnité à accorder au réclamant; mais bien de lui contester la propriété du terrain. Sur ce dernier point une instance judiciaire s'entame; et légalement auto-

risée elle suit son cours. Un jugement de première instance intervient, il est contraire aux intérêts de la ville ; le Conseil municipal délibère d'appeler en Cour royale de ce jugement : on consulte ; le Conseil de Préfecture consulte aussi, et il autorise la ville à ester en appel. L'affaire est introduite, et la voilà pendante devant la Cour.

Les choses en cet état, on vient proposer au Conseil d'autoriser l'Administration à transiger avec M. de Bayol. En faisant cette proposition en a-t-on bien senti toute la portée, calculé toutes les conséquences ? Pour nous, sa portée serait d'éterniser la contestation, au lieu d'y mettre un terme.

Les Communes ne transigent pas sur procès avec la même liberté qu'un particulier pour ses propres affaires ; elles sont assujéties à des formalités rigoureuses pour en obtenir l'autorisation. Le législateur, en raison de l'état permanent de minorité des Communes, a voulu dans tous les temps les mettre à l'abri de l'entraînement de tuteurs trop faciles.

L'art. 2045 du Code civil dit :

« Les Communes et établissements publics ne peuvent transiger
» qu'avec l'autorisation expresse du Roi. »

L'art. 59 de la loi du 18 juillet 1837, sur l'Administration municipale confirme ce principe en le modifiant pour toutes transactions inférieures à une valeur mobilière de 3,000 fr.

Ici le principe reste : la transaction qui nous est proposée, porte sur une valeur immobilière, supérieure à 3,000 fr. ; l'autorisation par ordonnance royale est donc indispensable.

Pour l'obtenir il faut suivre les formes déterminées par l'arrêté du 21 frimaire an XII aux termes du quel :

« Dans tous les procès nés ou à naître entre deux Communes, ou
» entre une Commune et des particuliers, les Communes ne peuvent
» transiger qu'après une délibération du Conseil municipal, l'avis de
» trois Jurisconsultes désignés par le Préfet du département, l'auto-
» risation de ce dernier en Conseil de Prefecture, et une ordonnance
» royale en Conseil d'État. »

Ces formalités et les principes sur les quels elles reposent sont entrés dans les dispositions et dans l'esprit de la loi du 18 juillet 1837, et ont donné lieu à une discussion lumineuse sur les abus à prévenir. Le Rapporteur de la Commission s'exprimait ainsi à la Chambre des Députés :

« Il est des droits qui, bien que communaux, intéressent spéciale-
» ment un simple habitant de la Commune, et pour l'exercice des

» quels il ne doit pas être entravé par le mauvais vouloir, ou l'indiffé-
» rence du Conseil municipal. La nécessité de recourir au Conseil de
» Préfecture est une garantie contre les abus. Nous vous proposons de
» déclarer expressément que la décision qui interviendra aura à
» l'égard des Communes l'autorité de la chose jugée. »

« Il ne faut pas que l'on remette en question, ce qui aura reçu
» une solution judiciaire. La Commune sera consultée par le Conseil
» de Préfecture avant l'autorisation ; toutes les circonstances seront
» pesées ; elle devra être mise en cause, et appelée à présenter ses
» moyens de défenses. Dans cette situation la décision à intervenir
» doit nécessairement être définitive à son égard. »

Ces principes ainsi développés par le Rapporteur de la loi municipale et par le texte de cette même loi, tracent la marche à suivre dans l'affaire qui nous occupe : *la Commune a été consultée par le Conseil de Préfecture, avant l'autorisation,* celle-ci a été donnée pour ester en appel : donc, *dans cette situation la décision intervenue doit nécessairement être définitive. Il ne faut pas que l'on remette en question ce qui a reçu une solution judiciaire.*

Or, une transaction dans la situation présente, et d'après les formalités qui doivent la précéder remettrait indubitablement tout en question. En effet, se pourvoir de nouveau par devant le Conseil de Préfecture en autorisation de transiger, c'est renoncer à l'autorité de la chose jugée par ce même Conseil de Préfecture ; c'est rentrer dans les voies d'une nouvelle instance administrative, qui ira aboutir au Ministre et au Conseil d'État. Puis, croyez-vous, que le Ministre se montrerait facile à provoquer une ordonnance royale, pour vous autoriser à payer par transaction sur procès une indemnité que primitivement le Conseil municipal avait refusée, et que le Ministre lui-même, faute d'appréciation légale, n'a pas voulu autoriser, et a annullé comme étant irrégulières toutes les expertises ? Qui a rapporté enfin de son autorité ministérielle tous les actes administratifs y relatifs. Croyez-vous que le Ministre trouvera les prétentions de M. de Bayol mieux établies aujourd'hui qu'elles ne l'étaient alors ? Il est permis d'en douter. Plus encore il est permis de croire que le Ministre refuserait toute approbation au payement d'une indemnité qui ne repose plus sur rien, puisque la ville se présente aujourd'hui, avec le titre original de la concession : des dispositions duquel elle a conclu, et persiste à croire, suivant son appel et nonobstant toutes décisions contraires, que M. de Bayol n'a aucun droit à la propriété du terrain qu'il réclame, sur une portion de la place publique.

Et dans le cas très-probable d'un refus d'autorisation, à quoi aboutirait votre projet de transaction? A recommencer le procès sur la question de propriété, avec des chances de succès bien moindres que celles que présente l'instance actuelle devant la Cour royale. Par son empressement à rechercher un accommodement le Conseil municipal montrerait son peu de confiance dans ses droits et dans les moyens de les soutenir. Par ces motifs, je propose l'ordre du jour sur le projet de transaction.

Nota. Aucunes de ces formalités n'ont été remplies, payera-t-on sans les remplir.... nous l'ignorons?

C'est là cette opinion que M. le Maire a qualifiée *d'absurde*.

Avignon. — Typographie de THÉODORE FISCHER aîné.

www.ingramcontent.com/pod-product-compliance
Lightning Source LLC
Chambersburg PA
CBHW060918050426
42453CB00010B/1791